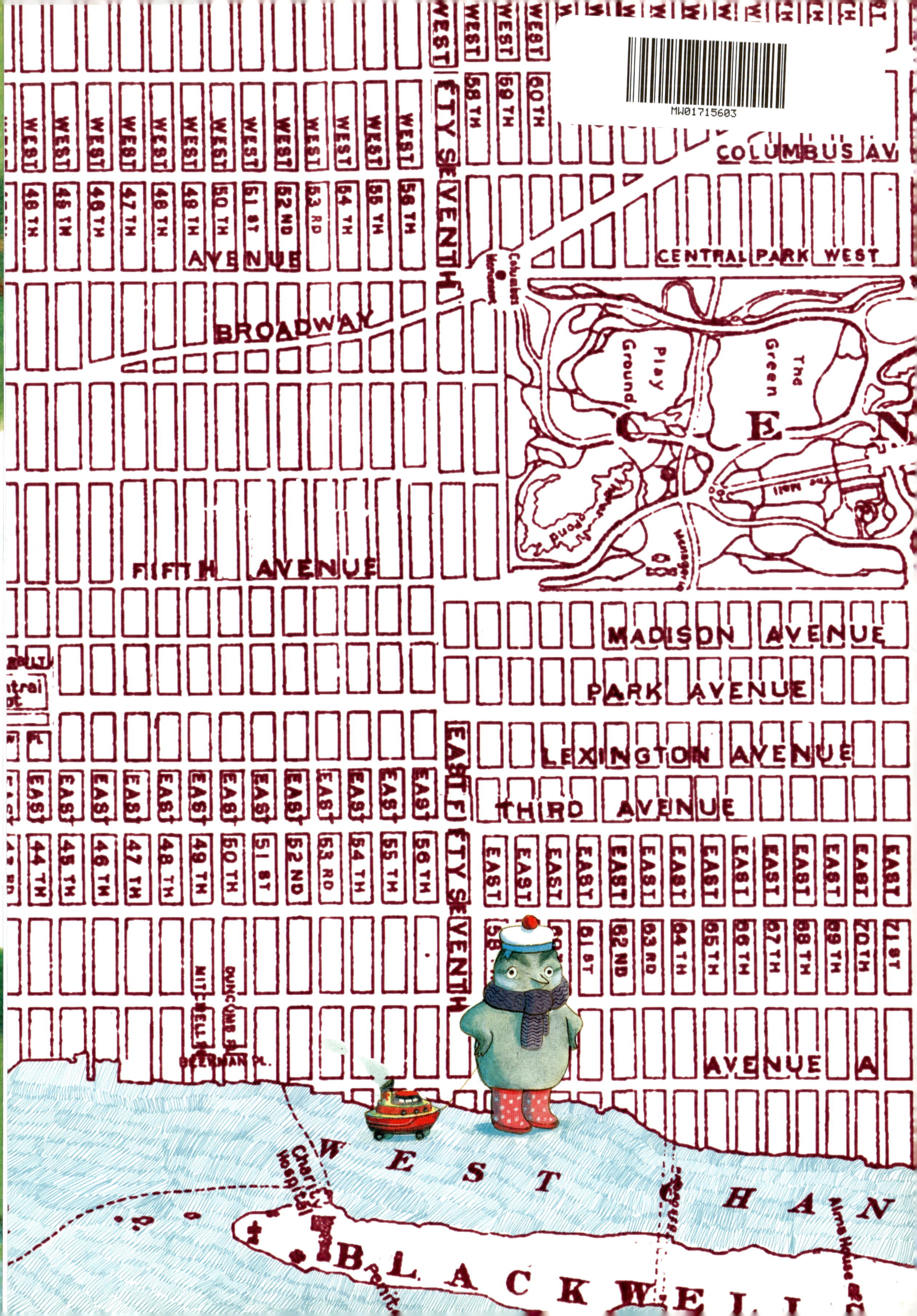
COLUMBUS AV
CENTRAL PARK WEST
AVENUE
BROADWAY
SEVENTH
Play Ground
The Green
FIFTH AVENUE
MADISON AVENUE
PARK AVENUE
LEXINGTON AVENUE
THIRD AVENUE
AVENUE A
BEEKMAN PL.
WEST 45 TH
WEST 46 TH
WEST 47 TH
WEST 48 TH
WEST 49 TH
WEST 50 TH
WEST 51 ST
WEST 52 ND
WEST 53 RD
WEST 54 TH
WEST 55 TH
WEST 56 TH
WEST 58 TH
WEST 59 TH
WEST 60 TH
EAST 44 TH
EAST 45 TH
EAST 46 TH
EAST 47 TH
EAST 48 TH
EAST 49 TH
EAST 50 TH
EAST 51 ST
EAST 52 ND
EAST 53 RD
EAST 54 TH
EAST 55 TH
EAST 56 TH
EAST 61 ST
EAST 62 ND
EAST 63 RD
EAST 64 TH
EAST 65 TH
EAST 66 TH
EAST 67 TH
EAST 68 TH
EAST 69 TH
EAST 70 TH
EAST 71 ST
WEST CHAN
Charity Hospital
BLACKWELL

Cette année, Duckyduck va faire sa première migration.
À l'idée de ce voyage vers les pays chauds,
il ne tient plus en place.

– Ça y est !
Je vais enfin voir la mer !
– Pffff… Moi aussi,
j'aimerais bien voyager,
soupire Emma.

Son ami parti, Emma s'ennuie.
Pour lui changer les idées, Madame Moineau
l'envoie chez son oncle Bob avec un pot de confiture.

Depuis qu'il est à la retraite, oncle Bob fait des recherches sur l'histoire de toute la famille Moineau.
Il raconte à Emma comment ses grands-parents ont traversé l'océan Atlantique, de Paris à New York.
Il a même retrouvé une cousine parisienne, Mademoiselle Amélie Moineau, qui lui envoie régulièrement de jolies cartes postales.

Wouaah!
ONE WAY
CBRE

Emma quitte Central Park sous les flocons de neige.
C'est la première fois qu'elle voit les immeubles
et les rues de New York d'aussi près !
Elle décide de partir à la découverte de la ville
avant de retrouver Old Joe.

À Bryant Park, un joli jardin quelques rues plus loin, Emma fait une pause et grignote un ver de terre.
Deux pigeons qui se promènent par là aimeraient bien en goûter un petit bout !
Mais Emma n'ose pas leur proposer, elle est trop intimidée par toutes ces nouveautés.

THE
ORLD'S
RGEST
TORE
West 34th St
KEEP
RIGHT

Sur Broadway Avenue,
les voitures et les passants
n'arrêtent pas de se croiser.
La neige est devenue toute grise
et les bottes d'Emma aussi !
Pour se montrer à Old Joe sous
son meilleur jour, Emma s'arrête
les nettoyer dans une flaque d'eau.

... et se retrouve perdue !
Un épais brouillard s'est levé.
Emma ne sait plus où aller.

Réconfortée, Emma continue de voleter,
tourner et sautiller.
Quand elle tombe nez à nez
avec un immeuble étonnant.
– On dirait une grosse part
de gâteau !
Miam, Emma a soudain
un petit creux !

Mais avant de faire
une pause, elle doit
retrouver son chemin.
Alors à droite ou à gauche ?

Pendant tout l'hiver, Old Joe et Emma
préparent leur voyage.
Ensemble, ils réparent le bateau,
font des provisions, regardent des cartes...

N
W
E
S
New York
Paris

Quand le printemps arrive,
le bateau est prêt, repeint à neuf.
Emma et Old Joe embarquent
paquets et valises.
Ça y est, le départ est pour demain !

Pour leur dernier soir
à New York, Old Joe et Emma
dînent dans leur restaurant
favori.
Emma est un peu triste.
Elle pense à sa famille
et à ses amis,
Caroline et Duckyduck.
Ils vont lui manquer,
même si elle est très
impatiente de partir.
Pendant qu'Emma déguste
son hamburger, Old Joe rêve
d'aventures... Il va enfin
être capitaine d'un navire !

ge Café
ZAGAT
SURVEY
2007

Le lendemain matin, au lever du soleil,
leur bateau quitte New York.
– En route pour la France ! crie Emma.
– À nous les croissants, les baguettes
et la tour Eiffel !

Ballotés par les vagues, Old Joe et Emma
bravent l'océan en chantant et
en racontant des histoires jusqu'à ce que…

LATOVRNELLE
LETERRIN
LEPORTAVFIN
DES BARES
LECLOISTRE
NOSTRE DA ME DE PARIS
S CHRISTOPLE
LEPAVE
LEPONT NOSTRE DAME
LA MADELEINE
PETIT PONT
LEPONTAVCHANGE
S BERTELEMI
LEPONT S MICHEL
LEPONT AV MVNIERS
LACONCIER
R DELARONDELLE
R DVBATOVER
R PAVEE

Paris !
Ça y est, ils sont arrivés !
Old Joe et Emma
se retrouvent émerveillés
devant...

la tour Eiffel.

New York City

Cher Papa, chère Maman,
On a réussi !
Nous sommes bien arrivés.
J'adore Paris ! Je vous écris des quais de Seine.
J'ai dégusté mon premier croissant, c'est délicieux !

J'aimerais beaucoup partager
ces moments avec vous...
Je n'ai pas encore eu le temps
d'aller voir notre cousine parisienne.
Je vous embrasse très très fort,
ainsi qu'oncle Bob !
Votre petite fille chérie
Emma

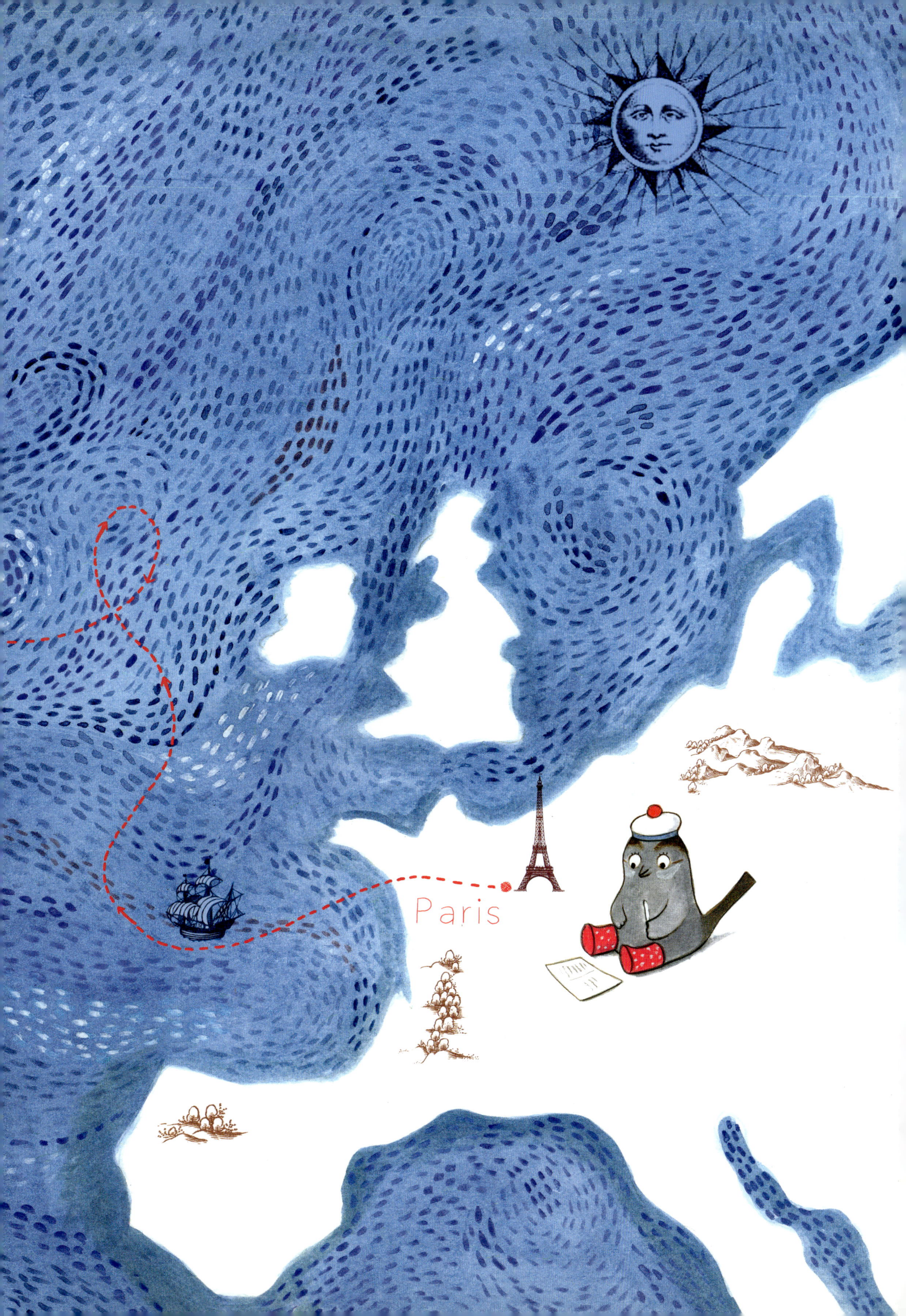
Paris

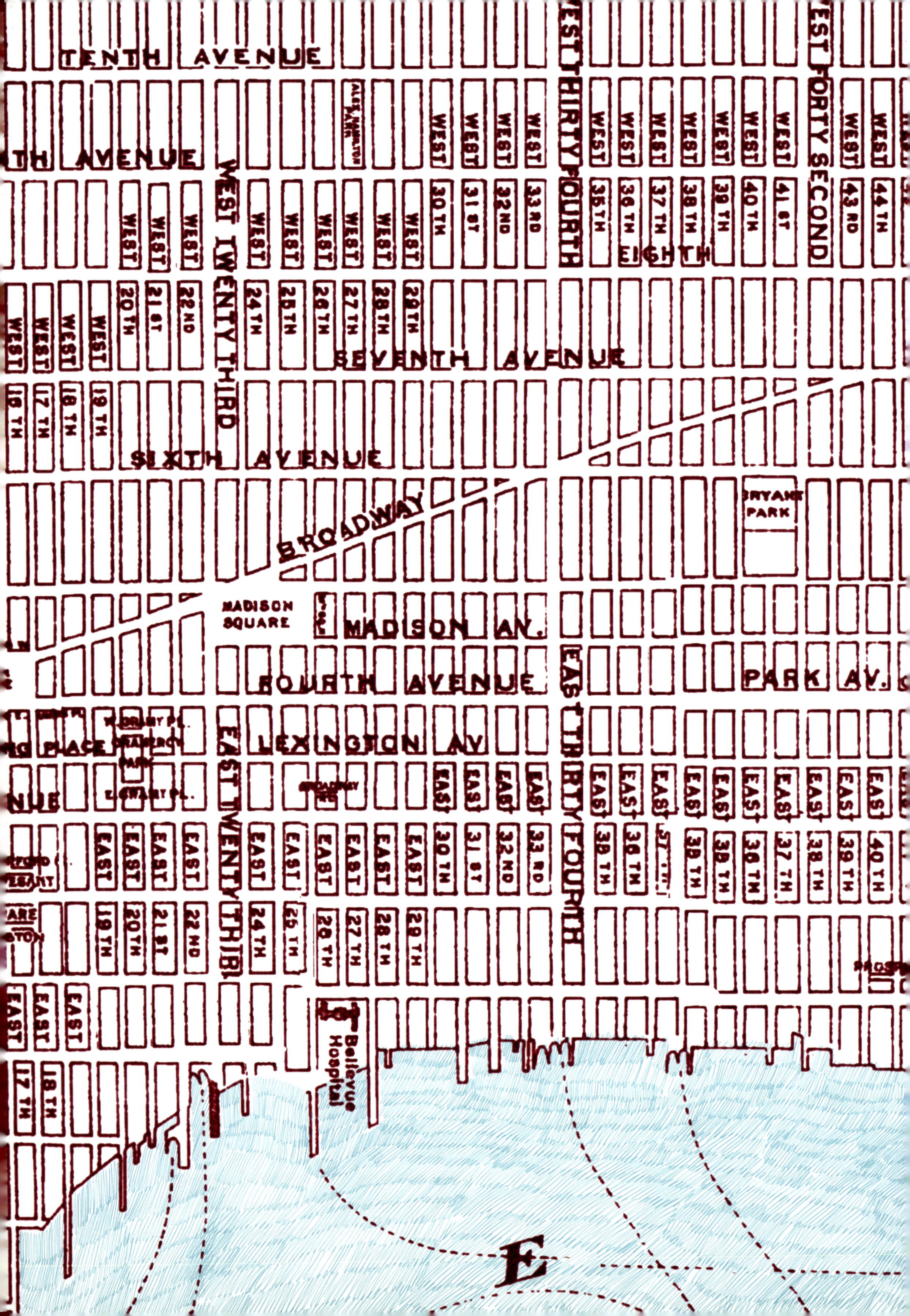
TENTH AVENUE
WEST THIRTY FOURTH
WEST FORTY SECOND
WEST TWENTY THIRD
EIGHTH
SEVENTH AVENUE
SIXTH AVENUE
BROADWAY
BRYANT PARK
MADISON SQUARE
MADISON AV.
FOURTH AVENUE
PARK AV.
LEXINGTON AV
EAST THIRTY FOURTH
EAST TWENTY THIRD
Bellevue Hospital
E